Comptines & Poésines des Sorcières

éditions
éveil

Animal étrange

Je t'ai déjà vu
Animal étrange

Je t'ai déjà vu
Drôle de chat étrange !

Pas plus tard qu'hier
Près du grand chaudron

Chez une vieille sorcière,
Tu dormais en rond.

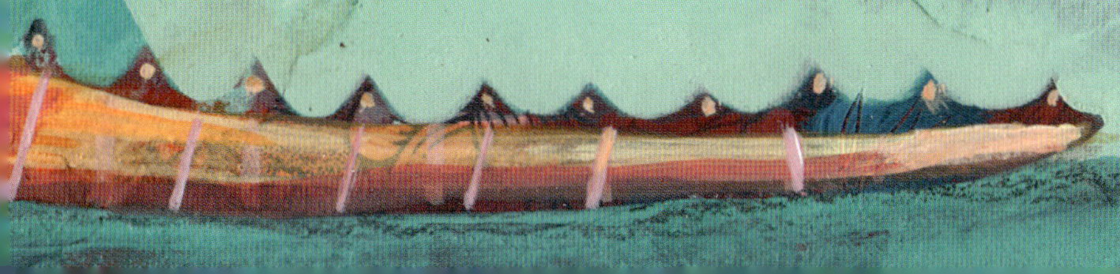

Bébé sorcière

Bébé sorcière
Et tête en l'air

Tu jettes un sort
Et tu t'endors
Sur ta citrouille.

Ouille, ouille, ouille !

Bébé sorcière
Et tête en l'air

Tu jettes un sort
Et tu t'endors
Sur ta grenouille.

Ouille, ouille, ouille !

Famille
de sorcières

Ma grand-mère
est une sorcière

Ma mère
est aussi sorcière

Ma sœur
deviendra sorcière

Quant à moi
le petit frère

Je voudrais faire
comme mon père

Et m'envoler dans les airs
Sur un balai de sorcière.

Invitation ensorcelée

Cette vieille dame m'a invité
Je n'ai pas pu refuser

Epié par une chouette
Et par ce chat qui
me guette

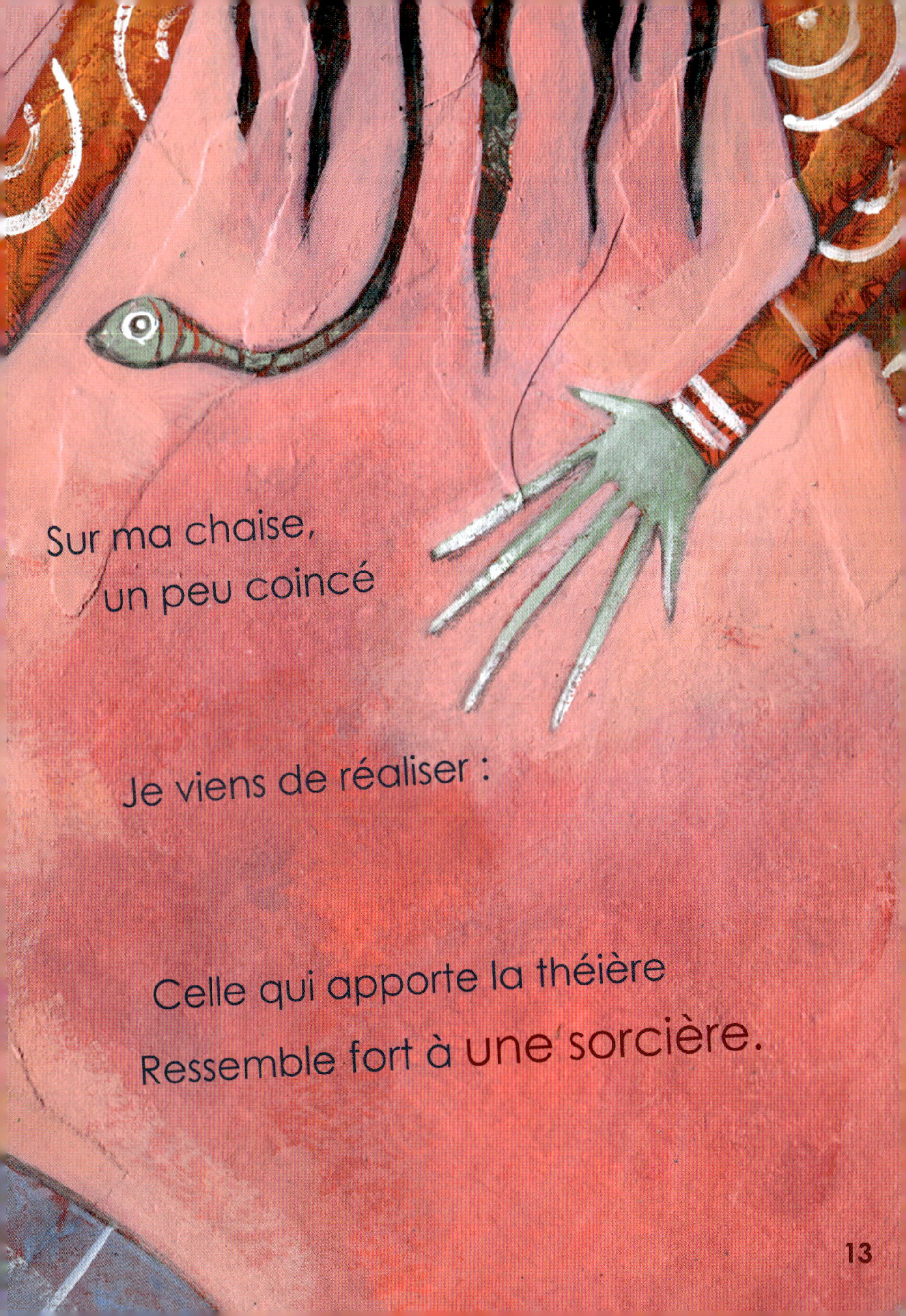

Sur ma chaise,
un peu coincé

Je viens de réaliser :

Celle qui apporte la théière
Ressemble fort à une sorcière.

Concours de sorcières

C'était comme l'année dernière
Lors du concours des sorcières

C'était comme l'année dernière
Lors du concours des sorcières

Elle a gratté ses pustules
Elle a cherché la formule

Elle était au désespoir
Plus une poussière de mémoire !

C'est alors qu'il a bondi
Comme dans un tour de magie.

Celui qui a tendu son grimoire
N'était autre que son chat noir !

La sorcière des villes

J'habite au septième étage
Impossible de trouver mieux

Je ne colle pas à l'image
Ça ne fait pas très sérieux.

Si tu connais une clairière

Dans la forêt isolée

Pense un peu à la sorcière

Qui cherche à déménager.

La sorcière et le dragon

Oh monstrueux
Cracheur de feu
Bois ma potion
Vilain dragon !

Tu oublieras alors le feu
Plus jamais pris au sérieux,
Tu cracheras des belles histoires
Que l'on réclamera le soir.

Tu seras l'ami des enfants
Mon pauvre dragon terrifiant !

Le chapeau de la sorcière

Je ne veux pas de casquette
J'aurais l'air bien trop discrète !

Il me faut un chapeau noir
Pour rentrer dans les histoires.

Bien pointu et imposant
Pour affoler les enfants.

Le crapaud
de la sorcière

En sautant dans le grimoire
Tu es rentré dans l'histoire

Quand tes pustules ont poussé
Tu t'es mis à coasser.

En sautant dans le grimoire
Tu es rentré dans l'histoire

Devenant crapaud baveux
Tu lui as comblé son vœu.

En sautant dans
le grimoire

Tu es rentré
dans l'histoire

Et celle que
tu as rencontrée

N'était pas la
gentille fée.

Le magicien rapide

Le magicien du château
A rencontré la sorcière.

Elle veut le transformer en crapaud
Il ne veut pas la laisser faire :

Avant qu'elle lui jette le sort
Il la transforme en butor !

Ne dis rien

Elle fait la grimace
En voulant goûter

Sa soupe aux limaces
Qui vient de tourner.

Ne dis pas que tu l'as vue
Elle te changerait en tortue.

Le miroir

« Il n'est pas très fidèle
Je suis pourtant si belle ! »
La sorcière très fâchée
L'a brusquement jeté.

Elle ne voulait pas croire
L'image du miroir
Qui avait reflété
Des traits si déformés.

Elle avait oublié
Que les morceaux brisés
Du miroir enchanté
Allaient se recoller.

Le miroir éternel
Refléta de plus belle
Le visage bien ingrat
De celle qui fulmina !

Sorcière cachée

Sortilèges

Orties géantes

Ricanements

Crapauds boutonneuX

Immonde personnage

Echappe-toi

Rapidement

Evite sa maison !

Sorcière invisible

Je n'étais pas fier
En regardant le chaudron.

J'ai vu la cuillère
Qui sautait dans le bouillon.

Le fantôme sorcière
Préparait une potion.

La soupe de sorcière

J'aime la soupe rouge écarlate
La soupe avec des tomates

J'aime la soupe verte cornichon
La soupe avec du cresson

Mais celle que je préfère
C'est la soupe de sorcière

Orangée et gros bouillon
C'est la soupe aux potirons.

Cette sorcière

Cette sorcière n'est pas dans les histoires
Cette sorcière ne s'habille pas en noir

Cette sorcière ne jette jamais de sort
Cette sorcière est élégante encore

Cette sorcière rit et montre de belles dents
Cette sorcière adore les enfants

Cette sorcière cuisine de bons plats
Cette sorcière m'offre du chocolat

Cette sorcière qui n'a pas de chapeau
Cette sorcière me fait cuire un gâteau

Cette sorcière qui n'est même pas sévère
Cette sorcière n'est autre que ma grand-mère.

Sorcier indien

Le sorcier sort de son tipi
Le chef est malade aujourd'hui

Tous les indiens de la tribu
Attendent le grand sorcier cornu

Et pour chasser les esprits

Il danse avec frénésie

Puis le sorcier tête de bison

Prépare ensuite une potion

Début d'une prompte guérison

Merci sorcier tête de bison.

Réunion de magie

Parking complet
Plein de balais

Et porte-manteaux
Pleins de chapeaux

Une réunion
Pleine de magie

De discussions
De sorcellerie.

Le vampire veut se venger

C'est juste à minuit sonnant
Que le cercueil a grincé
Il est sorti bien vivant
Il avait l'air décidé.

Teint blafard et dents pointues
L'air hagard et doigts griffus

Le vampire voulait sa part
Dans les livres et les histoires
Il se trouvait un peu rare
Et les faits les plus notoires

Qui terrifiaient les enfants
Venaient de cette vieille sorcière
Qui dormait profondément
Oubliant le mort-vivant.

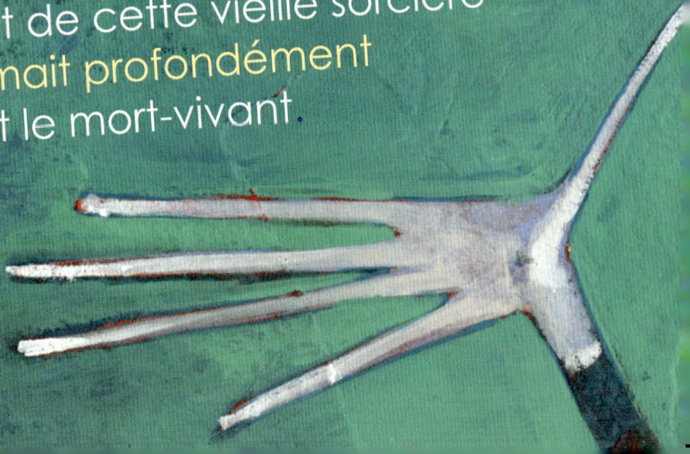

Chemin de sorcière

Si tu passes le moulin de pierres

Et que tu longes la rivière

Tu verras la route forestière

Tu iras jusqu'à la lisière

Tu apercevras sa chaumière

Cachée sous des feuilles de lierre

Tu entreras par la chatière

Car si tu arrives jusque là

Elle te transformera en chat.

Textes : Pascal Boille

Illustrations : Flavia Sorrentino

Mise en page : Élodie Lhomme
Mathilde Letard
Sabrina Petitpas

Du même auteur
et dans la même collection :

Conforme à la loi n°49.956 du 16 juillet 1949
sur les publications destinées à la jeunesse.

ISBN : 978-2-35366-109-1
Dépôt légal : troisième trimestre 2009

Imprimé en Union européenne
en partenariat avec www.alphabook.fr

www.eveiletdecouvertes.fr